Pia und Paul wollen ein Haustier – einen verschmusten Kater.
Ihre Eltern stellen eine Bedingung:
Informiert euch erst einmal gut!

Tierheim
an der Mühle
Öffnungszeiten
Mo-Fr 10.00-16.00
Sa 10.00-14.00

In der Bücherei finden die Zwillinge
viele tolle Katzenbücher.
Schon bald wissen sie alles,
was man wissen muss.
Dann wird alles Nötige besorgt.
Am nächsten Tag ist es soweit:
Die Familie fährt ins Tierheim.
Sie nehmen eine Transportbox mit.
Eine nette Mitarbeiterin begrüßt sie
und alle gehen zu den Katzen.

Die Familie sieht viele Katzen.
Alle sehen verschieden aus:
weiß, rot, grau, schwarz,
getigert und mehrfarbig.
Dann bleiben sie stehen:
Eine grau getigerte Katze maunzt.
Die Mitarbeiterin lacht und sagt:
„Das ist Jako,
unser Herzensbrecher!“
Die Familie ist sich einig:
Das wird unser Haustier!

Die Mitarbeiterin holt Jako heraus.
Sie erzählt einiges über ihn:
Er ist ein junger Kater.
Mit Katzen kommt er gut aus
und sogar mit Hunden spielt er gern.

Die Kinder streicheln Jako liebevoll.
Der Kater schnurrt –
er fühlt sich sehr wohl.
Die Familie bringt ihn nach Hause.

Katzenstreu
stark
end

Vorsichtig kommt Jako aus der Box.
Zunächst erkundet er das Katzenklo.
Auch Futter- und Wassernapf
beschnuppert er gründlich.
Alles scheint ihm gut zu gefallen.
Dann verzieht er sich hinters Sofa.
Bestimmt will er seine Ruhe haben.
Später muss er aufs Katzenklo,
aber das Verbuddeln klappt noch
nicht richtig.

Einige Tage später klingelt es
nachmittags bei Paul und Pia:
Vor der Tür stehen Mats und Mila.
Auch Molli ist dabei und
wedelt freundlich mit dem Schwanz.

Jako sitzt auf Pias Arm
und schaut neugierig.
Ob sich die beiden mögen werden?
Jako springt von Pias Arm
und läuft zu Molli.

Molli und Jako
beschnuppern sich neugierig.
Sie scheinen sich zu mögen.
Hunde und Katzen
verstehen sich ja nicht immer:
Hunde wedeln mit dem Schwanz
und meinen:
Ich freue mich dich zu sehen.
Katzen verstehen darunter:
Er ist aufgeregt und nervös.

Alle gehen in den Garten.
Ob Jako nun weglaufen wird?
Nein, er wartet auf Molli.
Die Tiere laufen gemeinsam los.
Jako bleibt stehen, Molli auch.
Dann laufen beide wieder los.
Sie haben Spaß und erkunden alles.
Die Kinder freuen sich sehr
über die beiden.
Nun sind sie alle miteinander
befreundet.

Jako und Molli
mögen sich tatsächlich sehr.
Sie werden noch viel Spaß haben,
so viel ist schon mal klar.